# Amar sin medida, sanar sin miedo

Elvira sombra

Amar sin medida, sanar sin miedo



ISBN: 979-8-9956492-2-9

Primera edición publicada en 2026

Primera edición revisada, 2026
Esta edición incluye correcciones menores y ajustes en el contenido.

Impreso en los Estados Unidos de América

Este libro fue escrito con la intención de sanar, recordar y volver a elegirte.
Que encuentre a cada lector exactamente donde se encuentre.

# Prefacio

Cuando comencé a escribir estas páginas, no lo hice pensando en hacer un libro.

Lo hice porque necesitaba sanar. Porque hubo noches en las que el silencio dolía más que cualquier palabra, y escribir se convirtió en la única forma de darle voz a mi alma.

Escribía sin intención de ser leída, sin pensar en un final.

Solo escribía para entenderme, para sostenerme, para no romperme del todo. Cada palabra fue un intento de ordenar lo que sentía, de nombrar lo que me había callado durante demasiado tiempo.

Me preguntaba por qué tuve que vivir esa historia.

Por qué alguien que decía amarme pudo lastimarme tanto.

Por qué me quedé esperando, creyendo, entregando… hasta quedarme vacía. Hubo momentos en los que pensé que amar así había sido un error, que sentir tan profundo era una debilidad.

Con el tiempo entendí que no fue un castigo, sino un llamado.

Una invitación dolorosa, pero necesaria, a regresar a mí. A descubrir a la mujer que habitaba debajo de todas esas heridas.

Esa mujer que aún sabía amar, pero que también estaba aprendiendo a amarse.

A ponerse en el centro. A escucharse. A no traicionarse más.

Este no es un libro de desamor.

Es un libro de renacimiento.

De cómo el dolor puede transformarse en fuerza, y de cómo una mujer puede volver a florecer incluso después de haber sido arrancada de raíz.

No porque olvide lo vivido, sino porque decide no quedarse a vivir en el pasado.

Si estás leyendo esto, quizá también amaste a alguien que no te eligió como tú lo elegiste.

Quizá esperaste un mensaje, una llamada que nunca llegó. O lloraste en silencio, preguntándote si diste demasiado, si fuiste demasiado, si sentiste demasiado.

Quiero que sepas que no estás sola.

Muchas de nosotras hemos estado ahí, tratando de entender en qué momento dejamos de elegirnos.

Cada palabra aquí fue escrita con el corazón abierto.

No para señalar, ni para juzgar, sino para acompañar.

Para recordarte que mereces un amor que no duela, una vida donde la calma no sea una excepción y un corazón que pueda vivir en paz.

A veces, perder a alguien no es el final de una historia, sino el inicio del reencuentro más importante: el que tienes contigo misma.

Y cuando vuelves a ti, cuando reconoces tu valor y tu luz, descubres algo esencial: ese amor que tanto buscabas afuera…

siempre estuvo dentro de ti.

# Introducción

Este libro está dedicado a todas esas mujeres que aman con pasión, con lealtad y con pureza en el alma.

A las que entregan su corazón sin medida, pero a veces se olvidan de sí mismas en el proceso. A las que han llorado en silencio, pero aún creen en el amor verdadero.

Es para ti, mujer de alma noble, que estás aprendiendo que amar no significa perderte, sino encontrarte en el reflejo de lo que mereces.

Escribí estas páginas desde lo más profundo de mi corazón, no para explicar el amor ni definirlo, sino para compartir una experiencia vivida y recordarte que el amor verdadero nunca debería costarte tu esencia, tu paz ni, mucho menos, tu dignidad.

No escribo desde la perfección, sino desde el camino recorrido.

Desde los días en que amar dolía, y desde otros en los que sanar parecía imposible.

Desde ese punto en el que una comienza a mirarse con más honestidad y a reconocer cuánto ha dado… y cuánto se ha dejado a un lado.

Sé lo que se siente amar con todo… y también sé lo que duele cuando esa entrega no es correspondida.

He estado ahí, en el lugar donde una aprende a justificarse, a esperar de más y a silenciar lo que duele con tal de no perder.

Y también en el momento en el que una decide detenerse y escucharse por primera vez.

En estas páginas encontrarás historias reales, momentos de pasión y de pérdida, y reflexiones que nacen del amor vivido sin medida.

Este libro es un abrazo al alma, un recordatorio de que mereces un amor pleno, sereno y consciente.

Un amor donde no tengas que apagar tu luz para ser amada.

Léelo despacio.

Permítete detenerte si algo se mueve dentro de ti. Cierra el libro si lo necesitas y vuelve a él cuando tu corazón esté listo.

No hay prisa.

Cada proceso tiene su propio ritmo.

Y recuerda: no estás sola.

Tu capacidad de amar y de sanar es mucho más grande de lo que imaginas.

Con todo mi amor,
Elvira Sombra

# Capítulo 1

*Cuando el amor me encontró*

Recuerdo el momento exacto en que empezó y cómo se sintió.

Fue como si el mundo hiciera una pausa y, en ese instante, todo tuviera sentido.

Como si el universo me susurrara al oído: ahí está, ese es el amor que esperabas.

No fue un encuentro mágico ni una escena de película.

Fue algo simple, cotidiano, pero dentro de mí algo se movió, algo cambió.

Tenía esa forma de sonreír que desarma, esa voz serena que parece prometer paz.

Y, sin entender del todo por qué, sentí que podía confiar en él.

En el tono de su voz, en la manera en que me miraba como si nunca hubiera visto a una mujer como yo.

Esa forma en la que me hacía sentir vista; no solo observada, sino profundamente reconocida.

En su presencia todo parecía más simple, más ligero, más en paz.

Me gustaba cómo me prestaba atención, cómo escuchaba incluso mis silencios y celebraba mis pequeñas victorias.

Recuerdo cómo me tomaba de la mano al caminar por la calle, despacio, como si el mundo entero se hiciera pequeño para dejarnos solos.

Como olvidar aquellas tardes en un café, donde yo dibujaba o escribía y él simplemente me observaba y sonreía, sin necesidad de palabras.

Y así, día a día, su presencia fue ocupando un lugar en mi corazón.

Cada detalle era una forma de amor, una manera silenciosa de quedarse.

No eran grandes promesas, sino gestos simples, miradas que decían más de lo que las palabras podían explicar.

Hubo noches en las que no hablábamos de nada importante, y aun así todo parecía decirse.

Nos quedábamos acostados, uno junto al otro, dejando que el tiempo pasara sin apuro.

A veces me acariciaba el cabello con suavidad, sin intención, sin prisa.

Yo cerraba los ojos y me dejaba estar ahí, creyendo que ese silencio compartido era una promesa.

Que si el amor se sentía así, tan cercano y tan simple, entonces no podía fallar.

En esos momentos me permitía imaginar futuros pequeños: despertarnos juntos, compartir desayunos sin palabras, aprendernos de memoria.

Todo parecía posible cuando su abrazo me hacía sentir en casa.

Al principio, todo era magia.

Una magia silenciosa y suave, de esas que no hacen ruido, pero lo transforman todo.

Era ese tipo de conexión que parecía escrita en las estrellas, como si el universo hubiera conspirado en pequeños detalles para acercarnos.

Sus gestos no eran grandiosos, pero sí profundamente significativos: las flores que aparecían inesperadamente sobre mi mesa, las notas escondidas en mi bolso, las canciones que me enviaba sin razón aparente, mensajes y llamadas constantes que, sin darme cuenta, comenzaron a formar parte de mi rutina y de mi calma.

Cada uno de esos gestos iba construyendo algo dentro de mí.

No era solo la atención; era la constancia, la sensación de ser pensada incluso cuando no estaba presente.

Me hacía sentir importante, elegida.

Y, sin notarlo, mi corazón empezó a bajar la guardia.

Recuerdo las tardes en que caminábamos bajo una lluvia ligera, cómo me tomaba en sus brazos para protegerme del frío, como si su cuerpo pudiera resguardarme de todo lo que existía fuera de ese instante.

Siempre me hacía sentir segura, amada.

Y aunque la lluvia mojaba nuestros cuerpos y el viento enfriaba la piel, nada importaba.

Éramos solo él y yo, suspendidos en un momento que parecía eterno.

A su lado me sentía ligera, libre, como si el mundo se abriera en posibilidades y nada pudiera salir mal.

Fue ahí donde comencé a enamorarme de los detalles, de las cosas pequeñas que suelen pasar desapercibidas, pero que sostienen lo verdadero.

Me enamore de su manera suave de ser, de cómo se
reía conmigo.

De cómo recordaba lo que le contaba, incluso aquell
que yo misma había olvidado haber dicho.

De la forma en que sus dedos se entrelazaban con lo
míos con una naturalidad tan profunda que me
hacía sentir que pertenecíamos juntos, sin esfuerzo,
sin dudas.

Cada beso suyo tenía su propio lenguaje.

Algunos eran dulces y suaves, como promesas
silenciosas; otros, cargados de una necesidad que
hacía temblar el cuerpo.

Pero todos, absolutamente todos, me estremecían de
emoción y ternura, como si mi corazón reconociera
en él algo familiar, algo que había estado esperando
sin saberlo.

Pasábamos noches enteras conversando, dejando que las horas se deshicieran sin prisa.

Recuerdo una de esas noches en las que hablamos hasta que el cansancio nos venció.

La luz era tenue, la habitación estaba en silencio, y nuestras voces se volvieron más lentas, más suaves.

Cuando el sueño comenzó a alcanzarnos, me abrazó sin decir nada.

Sentí su brazo rodearme con naturalidad, como si siempre hubiera pertenecido ahí.

En ese instante, creí que ese abrazo era una promesa silenciosa de permanencia.

No sabía entonces que algunas promesas se sienten reales incluso cuando no están destinadas a cumplirse.

Hablábamos de todo y de nada: de sueños, de
miedos, de recuerdos que dolían y de futuros que
parecían posibles.

Y cuando él me abrazaba, podía sentir el latido de su
corazón, firme y cercano, como si el mundo entero se
detuviera para permitirnos ese instante.

No había ruido, no había miedo.

Solo esa calma profunda que se siente cuando el
alma cree reconocerse en otra

Yo era una mujer fuerte, independiente, con sueños claros, metas propias y un corazón que, a pesar de todo, nunca había dejado de creer en el amor.

Me había construido a mí misma con esfuerzo, con caídas y aprendizajes, y sabía quién era.

Por eso, cuando él llegó a mi vida, bajé la guardia sin pensarlo, sin medir consecuencias, sin siquiera dudarlo.

Había amado antes, sí, pero esta vez se sentía distinto.

Esta vez creí, con una certeza profunda, que era él.

Y, sin darme cuenta, poco a poco, comencé a entregar más de lo que imaginaba tener, convencida de que amar también era confiar.

Creí en cada palabra, en cada promesa, en todos sus "te quiero".

Sus palabras siempre sonaban sinceras, envolvente
llenas de una dulzura que me hacía sentir segura.

Y no me arrepiento de haberlo hecho, porque amar
fue mi manera más pura de vivir, la forma más
honesta que conocía de entregarme sin reservas.

Amar así era, para mí, un acto de fe.

Con el tiempo, sin embargo, empecé a notar
pequeños cambios que al principio no quise ver.

Mi amor por él comenzó a desplazarme lentamente
de mi propio centro.

Mis prioridades fueron cambiando casi sin darme cuenta, él decía que me necesitaba cerca, que mi presencia le daba paz.

Ya no podía atender an mis amistades con la misma frecuencia y me repetía a mí misma: "Ellas deben entender; ahora soy una mujer con pareja, ahora soy una mujer enamorada".

Creí que ese sacrificio era natural, que así funcionaba el amor.

Pero nadie se pierde de un día para otro.

Nadie se pierde de golpe.

Te vas entregando poco a poco, en pedacitos casi imperceptibles: por amor, por costumbre, por miedo a quedarte sola, por miedo a perder aquello que amas…

Hasta que un día te miras al espejo y no reconoces del todo a la mujer que te devuelve la mirada.

Mis silencios se hicieron más largos, más frecuentes.

Y aunque seguía amando con la misma intensidad,
algo dentro de mí comenzaba a apagarse lentamente.

Su amor me confundía, y esa confusión me aterraba.

Dentro de mí, una voz suave pero insistente
empezaba a preguntar: ¿dónde estás tú en todo esto?

Y aun así, al principio, todo parecía cuidado,
cercano, constante.

Su nombre aparecía en mi teléfono todas las
mañanas, puntual, como una alarma exacta. Recibía
su llamada apenas amanecía.

Decía que quería escuchar mi voz, que lo único que
más deseaba era que mi voz fuera la primera que
escuchara al despertar y la última al terminar el día.

Y yo… yo también amaba escucharlo.

En ese entonces, esa rutina me parecía una prueba de amor, una señal de conexión, sin imaginar que poco a poco también se convertiría en el centro de mis días.

Se hizo costumbre arreglarme para empezar el día mientras hablábamos por videollamada.

Él me acompañaba desde la pantalla, atento a cada detalle.

Le encantaba escoger el labial que usaría, opinar sobre la cartera del día y, ni se diga del atuendo; era muy detallista en ese aspecto y siempre quería saber cómo iba a estar vestida.

Yo sonreía, sintiéndome deseada, mirada, importante.

Sus mensajes eran constantes, dulces, llenos de promesas y de un cariño que parecía no tener fin.

En ese momento, todo eso me hacía sentir cuidada, elegida.

Con el tiempo, algo empezó a cambiar de manera sutil.

Las llamadas se hicieron más cortas, los mensajes menos frecuentes, más distantes.

Y yo, en lugar de verlo como una bandera roja, comencé a justificarlo.

Me repetía frases que me daban calma momentánea: "Debe estar cansado", "tuvo un día difícil", "seguro mañana vuelve a ser como antes".

Me aferraba a la versión inicial de nosotros, creyendo que solo era una etapa pasajera.

Pero, sin darme cuenta, aquellas mañanas que tanto añoraba empezaron a volverse más distantes.

Su prioridad ya no era escuchar mi voz todos los días; ahora nuestra cercanía dependía de cuando él tuviera tiempo.

Mi espera se volvió rutina.

Había noches en las que el silencio de mi casa se volvía ensordecedor.

Caminaba descalza por mi recamara, como si moverme pudiera traerlo de vuelta.

Preparaba té sin ganas, encendía una lámpara pequeña y me sentaba en el sillón a esperar.

A veces el mensaje llegaba tarde; otras, no llegaba nunca.

Yo miraba la pantalla, la apagaba, la volvía a encender.

Me decía que debía ser paciente, que amar también era comprender, que no pasaba nada.

Pero algo dentro de mí comenzaba a cansarse.

Me acostumbré a dormir con el teléfono cerca, como si así pudiera sentirme menos sola.

Y aunque intentaba convencerme de que todo estaba bien, mi cuerpo sabía que algo no lo estaba.

Con él, yo tenía la paciencia de una esposa, mientras él mantenía los hábitos de un hombre soltero.

Y aunque tardé en aceptarlo, en el fondo sabía que así jamás íbamos a funcionar.

Porque así comienza: empiezas a justificar ausencia
a aceptar menos de lo que mereces, a guardar
silencios para evitar discusiones.

Te convences de que, si haces un poco más, si das
otro paso, si amas con más fuerza, con más
intensidad, las cosas van a cambiar.

Nadie te enseña a notar el momento exacto en el que
empiezas a ceder más de lo que deberías.

No sucede de golpe.

Sucede cuando empiezas a justificar silencios, a
aceptar ausencias, a minimizar lo que duele con tal
de no perder.

Yo no me quedé porque no supiera mi valor.

Me quedé porque amaba.

Porque creí que amar significaba resistir, aguantar, esperar.

Durante mucho tiempo confundí el amor con la capacidad de soportar.

Y así, sin darme cuenta, fui dejando de preguntarme si era feliz, concentrándome solo en que él no se fuera.

Pero el amor no debería doler tanto, ni exigirte que te abandones a ti misma para sostenerlo.

No deberías pasar noches enteras sin poder dormir, pidiéndole a Dios que, si él es el hombre para ti, si él es el amor de tu vida, les ayude a mejorar la relación… ni otras noches rogándole que te ayude a sacarlo de tu vida, que te ayude a olvidarlo.

El amor tampoco debería pedirte silencio para mantener la paz, ni obligarte a tragar palabras para no incomodar.

Y aun así, hubo momentos hermosos.

Momentos en los que de verdad creí ser amada.

Instantes en los que me llenaba de besos, de sus "te amo", de sus "te extraño", de mensajes que prometían un futuro compartido, como "quiero toda una vida contigo".

Sus palabras siempre sonaban tan reales, tan convincentes.

Su voz me envolvía y me hacía sentir segura, especial, profundamente amada.

Y fue justamente esa mezcla de ternura y contradicción la que me mantuvo ahí, creyendo, esperando, intentando sostener algo que parecía tan verdadero.

Y entonces, justo cuando más creía en todo su amor… desaparecía.

Sí, desaparecía.

Al principio podían pasar solo horas; después, días enteros sin saber de él.

El silencio llegaba sin aviso, sin explicación.

Yo me quedaba esperando, mirando el teléfono, tratando de entender qué había hecho mal, en qué momento algo cambió, por qué de pronto la distancia se hacía tan larga y tan fría.

Me perdía en mis propios pensamientos, reconstruyendo escenas, repasando palabras, buscando respuestas donde solo había ausencia.

¿Cómo podía alguien, con tanta facilidad, pasar de llamadas que me tranquilizaban —"mi niña, te hablo para avisarte que ya llegué a casa"— a ni siquiera responder un mensaje: "Babe, estoy preocupada, no he sabido de ti… ¿estás bien?"

Esa contradicción me desarmaba, porque el hombre que sabía cuidarme con palabras era el mismo que me dejaba sola en la incertidumbre.

Y entonces entendí algo que fue difícil aceptar:

no me enamoré de la nada.

Él hizo todo lo necesario para que yo lo amara, y lo
logró.

Supo exactamente qué decir, cómo tocar mi alma,
cómo recorrer mi cuerpo y, sobre todo, cómo
hacerme sentir distinta, especial… suficiente.

Y aunque mi historia terminó con lágrimas, aquel
amor que me enseñó a sentirlo todo también me
enseñó a reconocer mis límites.

Me mostró que puedo darlo todo sin dejar de
sostenerme a mí misma.

Qué contradicción tan grande es amar y romperte al
mismo tiempo.

No cabe duda de que, a veces, el amor nos eleva…

Y otras veces nos desarma, dejándonos
completamente desnudas frente a nosotras mismas.

No escribo esto para culpar al amor, sino para
honrarlo.

Porque, gracias a Dios, sigo creyendo en el amor
verdadero.

Hoy no culpo a esa relación que viví; al contrario, la
agradezco.

Agradezco lo que fue y también lo que no pudo ser,
porque a veces el amor llega para mostrarnos la
belleza de sentir, para recordarnos lo que
merecemos… y otras veces llega solo para
enseñarnos lo que no debemos volver a permitir.

Gracias a esta historia, hoy puedo mirar atrás sin
pesar.

Puedo recordar su voz sin que me duela el alma.

Puedo decir, con el corazón en calma, que esta
historia me rompió… pero también me despertó.

Me obligó a abrir los ojos, a escucharme, a elegirme.

Aprendí que no todo lo que parece escrito en las estrellas es destino.

Que no todas las conexiones están hechas para quedarse y que algunas almas se cruzan únicamente para mostrarnos el camino de regreso a nosotras mismas.

Aprendí que amar intensamente no está mal. Lo que está mal, lo que duele, es olvidarte de ti en el intento.

Porque amar no significa desaparecer.

Hubo un momento en el que entendí que estaba más sola estando con él que estando sola de verdad.

Que mi mayor compañía era la esperanza de que volviera a ser como antes.

Y esa esperanza, silenciosa y persistente, fue la que más me agotó.

Porque esperar también cansa. Esperar también duele. Y amar no debería dejarte exhausta.

El amor que te pide renunciar a ti misma no es amor; es dependencia disfrazada de entrega.

Y, a veces, la herida que más duele… es la misma que termina enseñándote a amarte de verdad.

# Capítulo 2

*Amar no es perderte, es encontrarte*

Los días sin saber de él cada vez se fueron haciendo más largos. Pasaron de ser horas, días sin escucharlo, a semanas y, de repente, llegaron a ser meses.

A veces abría nuestras conversaciones antiguas y leía mensajes que alguna vez me hicieron sonreír. Palabras que antes eran promesas y ahora eran solo ecos.

—Tal vez mañana —me decía—.
Tal vez hoy está ocupado.
Tal vez esta vez sí tiene una razón.

Y así, sin darme cuenta, mi vida comenzó a girar alrededor de su ausencia.

Él iba y venía cuando el tiempo era conveniente para él.

No me atrevía a preguntar qué había hecho durante
su ausencia, pues temía la respuesta.

En cambio, él, de cierta manera, tenía la certeza de
que yo solo había estado esperándolo. Tenía la
seguridad de que yo jamás le entregaría mi amor a
nadie más.

Lo único que recuerdo haberle pedido en algún
momento de nuestra historia fue eso: que no me
mintiera.

Que yo le entregaba mi amor completo, creyendo en
cada palabra suya, pero que, por favor, fuera honesto
conmigo.

No pedí promesas eternas ni certezas imposibles…
solo verdad.

Sanar no fue fácil.

Fue un trabajo constante, silencioso, muchas veces
solitario.

Fueron dudas, lágrimas y noches en las que mi
mente no paraba de preguntarse qué hice mal.

Hubo días buenos, en los que sentía que por fin estaba soltando… y otros en los que todo volvía a doler como la primera vez.

Días en los que respiraba tranquila y otros en los que terminaba buscándolo de nuevo; sí, buscándolo, olvidándome de mí, de mi valor propio, de lo que yo merecía.

Cada vez que recaía, me prometía que sería la última.

Pero el corazón no siempre entiende de razones, y a veces el amor se aferra incluso a lo que te destruye.

Un día intenté convencerme de que estaba bien.

Me repetí que ya había avanzado, que ya no dolía tanto, que ya no lo necesitaba.

Me arreglé un poco más de lo normal, como si verme bonita pudiera salvarme.

Salí a caminar sin rumbo fijo, esperando que el cansancio apagara mis pensamientos.

Pero mientras más caminaba, más fuerte latía mi corazón.

Había algo dentro de mí que no encontraba descanso.

Entré a una tienda solo para distraerme.

Tomé un perfume cualquiera, lo probé en mi muñeca y lo olí… y sin saber cómo, me recordó a él.

Fue ahí cuando supe que no estaba lista.

Que todavía había partes de mí que lo buscaban, aunque yo ya no quisiera hacerlo.

Regresé a casa con el pecho apretado, con la garganta cerrada, con esa sensación de derrota que llega cuando sabes que estás a punto de caer otra vez.

Me senté en la cama.

Tomé el teléfono.

Y antes de marcar, me dije llorando…

"Necesito despedirme para poder cerrar esta etapa en mi vida… es solo para escuchar su voz una última vez".

Recuerdo que respondió al primer timbre, respondió con esa voz, con ese tono tranquilo, como si nada hubiera pasado, como si no me hubiera estado evadiendo por meses.

En ese momento sentí que toda mi fuerza se desmoronaba.

No me gritó, no pidió perdón.

Solo dijo mi nombre, me preguntó si me encontraba bien, si necesitaba ayuda y, de repente, dijo…

"Te he extrañado, mi amor".

Y eso, eso fue suficiente para romper mi promesa una vez más.

Los días que se desaparecía solía imaginarlo
sonriendo, tranquilo, viviendo su vida mientras yo
me sentía morir, mientras yo apenas podía comer,
sin siquiera poder dormir.

Me dolía pensar que tal vez se burlaba de lo mucho
que yo lo amaba, de lo mucho que lo esperé, de
cómo una mujer como yo estaba sufriendo por
alguien como él.

¿Cómo fue capaz de ser tan frío, tan cruel?

¿Cómo se puede mentir con tanto detalle, con tanta
convicción, con tanta ternura falsa?

Casi todo había sido una mentira, y eso no era lo
más doloroso; lo más doloroso era que yo sí lo
amaba.

Mi sentimiento sí fue real.

Siempre lo fue.

Y aun así… cada vez que yo recaía y lo buscaba, él volvía.

Volvía con sus "te amo", con sus "te extrañé", con esa voz dulce que me hacía creer, una vez más, que esta vez sería diferente.

Su regreso parecía la cura a todas mis heridas.

Sus palabras tenían esa calidez que me hacía olvidar los días de silencio, los vacíos, las lágrimas.

A veces era él quien me buscaba, insistente, como si realmente me necesitara, como si realmente me amara.

Me hablaba con esa mezcla de dulzura y urgencia que me desarmaba por completo, llenándome de palabras que sabían llegar al corazón:

"Dame otra oportunidad, te prometo que esta vez será diferente".
"Me haces tanta falta, no te imaginas cuánto te necesito en mi vida".
"Sin ti no soy el mismo".

Y aunque una parte de mí ya no le creía, otra aún quería hacerlo.

Meses después de nuestro último encuentro,
apareció en el café donde yo solía escribir.

Yo estaba con mi cuaderno y una taza de café; el café
ya se había enfriado, ni lo había tocado, estaba
intacto, como mi amor por él… inquebrantable.

Y aunque yo seguía intentando seguir adelante con
mi vida, en ese momento era claro que no podía
continuar sin él.

De pronto me llegó su aroma.

Sentí su mirada, pude sentir su energía acercarse, su
esencia.

Venía con mis rosas favoritas en las manos y esa
sonrisa cálida que siempre lograba envolverme.

Solo con ver su rostro, todo el trabajo de meses se
vino abajo.

Por un momento pensé que tenía una cita con una nueva conquista; llegué a pensar que esas rosas eran para alguien más.

En ese instante sentí un dolor fuerte en el pecho, un nudo en la garganta y un peso en el estómago como jamás lo había sentido.

Busqué con la mirada, con mucho temor, y desesperadamente, alguna mesa con alguna mujer esperando; en cambio, él siguió caminando con esa sonrisa tierna pero con paso firme.

Llegó hasta mi mesa, me dio un beso en la frente, seguido por un beso en la mejilla y finalmente besó mis manos.

Le habló al mesero y me ordenó un nuevo café.

"Este está frío", me dijo en voz baja mientras lo retiraba.
"Otro latte, para la mujer más hermosa del mundo", le dijo al mesero.

Me habló de sus sueños, de lo mucho que me había pensado, de lo mal que lo había pasado sin mí.

No me quitaba su mirada de encima, esa mirada tan tierna que podía convencer a cualquiera.

Me dijo que odiaba lastimarme.

Yo intenté cambiar el tema porque sabía que él mentiría, pero él me interrumpió y me dijo:

"Por favor, déjame hablar, no me calles".

Así que lo escuché. Porque su voz tenía el poder de abrir heridas que creía cerradas…

Me confesó que sabía que yo era una mujer extraordinaria, que yo era una mujer hermosa, que no sabía cómo me había conquistado, que sentía miedo porque sabía el amor tan puro que yo tenía para ofrecer.

Dijo que no se sentía suficiente y que por eso se alejaba.

Y yo, sabiendo que mentía, aun así dejé que sus palabras entraran en mi corazón.

Porque a veces el corazón prefiere una mentira hermosa que un silencio verdadero.

Ese día armé de valor y le dije que agradecía que mirara lo bueno en mí, pero que su silencio me lastimaba.

No le hablé con enojo; quise hablarle desde la claridad y el cariño que todavía me quedaban para él.

Me pidió otra oportunidad y me prometió que esta vez sería diferente.

Y yo, temerosa pero con todo el amor en las manos, decidí creerle.

Esa noche fue cuando, por fin, me entregué a él por completo.

Durante meses le había entregado mi amor y mi cariño, sin reservas, pero esa noche le entregué mi cuerpo.

Fue una noche no planeada, como si el aire mismo hubiera decidido volverse más suave.

Esa primera noche, la primera vez que hicimos el amor, él fue el hombre mas cuidadoso de el mundo me tocaba con una delicadeza que desarmaba, com si cada parte de mí fuera un secreto que merecía ser descubierto lentamente.

Había romanticismo, sí, pero también un deseo profundo, silencioso, elegante… un deseo que envolvía tanto que, con tan solo sentir su aliento recorrer mi cuerpo, mis piernas se humedecían sin siquiera desnudarme.

Era un deseo que, cuando por fin me hizo suya, se podía sentir en cada suspiro, tan adentro de mi ser.

Tenía miedo.

Miedo a no saber, a no ser suficiente mujer para un hombre como él.

Un hombre con tanta experiencia, tanta seguridad en cada gesto.

Pero cuando sus manos fuertes recorrían mi cuerpo, cuando recorrieron mi piel, ese miedo dejó de pesar.

Sentí que su intención no era dominar, sino guiarme, acompañarme en el ritmo tibio de un encuentro que parecía escrito para nosotros dos.

Sus besos recorrían todo mi cuerpo con una
suavidad que era pura provocación y deseo.

Sus labios me llenaban de placer, deteniéndose en
los lugares correctos.

Me besaba como si estuviera probando el tiempo,
como si cada roce fuera una promesa que se cumplía
en el siguiente suspiro.

Sus manos me exploraban despacio, como si mi
cuerpo fuera un mapa que él conocía sin haberlo
visto nunca, pero cuyo destino siempre supo
encontrar.

Me perdía escuchándolo, incluso en los momentos
más íntimos.

Su voz tenía un tono que me recorría por dentro, que
me hacía detener el aliento antes incluso de sentir
sus manos.

Él sabía exactamente cómo sostenerme, cómo
acercarse, cómo rozarme sin apuro, como quien
disfruta el arte de encender un fuego que no busca
quemar, sino calmar.

Su cuerpo amaba al mío con una pasión suave,
delicada; tenía un estilo lento pero firme, un estilo
que me enamoraba cada vez que lo sentía dentro de
mí.

Esa primera noche supe que no había vuelta atrás.

Él me amó de una manera que me hizo borrar todas las dudas.

Me hizo sentir la mujer más hermosa del mundo.

Me amó de una manera que me hizo volver a confiar en él y, una vez que quedó satisfecho, me besó con dulzura, acarició mi rostro y me dijo que me amaba.

"Parece que quieres llorar, no tengas miedo, mi niña, yo te amo", me susurró al oído, y después se quedó dormido en la tranquilidad de la noche.

Había noches en las que la lluvia golpeaba las ventanas y la intimidad se volvía aún más intensa.

Recostados en el sofá, fueron incontables las veces que nos amamos.

Su cuerpo enlazado con el mío, nuestras pieles sintiendo el calor de cada uno.

La forma en que me miraba antes de besarme… esa mirada que encendía mis ganas antes de que me tocara… era un erotismo que comenzaba en los ojos y terminaba tan dentro de mi alma.

Cuando su piel rozaba la mía, cuando sus labios probaban mi cuerpo, el mundo se hacía pequeño, reducido a ese instante.

La pasión entre nosotros era un baile lento, un movimiento que empezaba suave y crecía con intención, descubriéndose, respirándose.

Nuestros cuerpos se encontraban como si se reconocieran desde antes, en otra vida, otro cuerpo, con otra piel.

En sus brazos, mi cuerpo aprendía la belleza del abandono consciente… entregarme sin miedo, sin prisa, sin pensar.

Y él, con esa mezcla perfecta de ternura y deseo, hacía que cada encuentro fuera una invitación a explorarme, a sentirme viva, deseada, despierta.

Hay formas de hacer el amor que no se olvidan.

Formas que se quedan en la piel, como un recuerdo que no se borra aunque pase el tiempo.

Lo nuestro… era exactamente así: un erotismo elegante, profundo, íntimo, que sabía encender sin destruir, que sabía tocar sin romper, que sabía amar sin apresurar.

Recuerdo su manera de besarme, lenta, profunda, como si quisiera memorizarme.

La fuerza de sus manos ásperas trazando su camino por mi cuerpo, iniciando su recorrido por mis hombros y descendiendo lentamente hasta perderse entre mis piernas.

Sus palabras al oído:
"Nunca amé así a nadie".
"Eres perfecta".

Yo le creía porque en sus brazos encontraba refugio, aunque fuera momentáneo.

Porque mi deseo por él también era una forma de decir: quédate, no me dejes, no te vayas.

No entendía entonces que hay abrazos que no
contienen, que solo calman por un rato.

Y que hay miradas que te encienden… pero no te
eligen.

Con el tiempo, comprendí que su amor nunca fue
realmente mío.

Nunca fue capaz de sostenerme, de cuidarme, de
elegirme de verdad.

Pero mientras estábamos juntos, cada momento
parecía real.

Cada beso, cada abrazo, cada roce de su piel era tan
intenso y profundo que por un instante olvidaba mis
miedos y me dejaba llevar.

Sus caricias tenían la habilidad de calmarme, lo
suave de sus labios de hacerme sentir viva, de
despertar cada célula de mi cuerpo, y yo me
permitía perderme en esa ilusión.

Era una entrega completa, intensa, sensual, que me
hacía temblar de emoción y de amor.

Y aun así… ahora sé que él podía ser tan falso
mientras yo me entregaba a él profundamente, sin
reservas.

A veces la desesperación era tan grande que hubier
deseado que me gritara, sí, aunque me doliera, que
me gritara en la cara que no me amaba.

Al menos habría tenido claridad.

Al menos no habría quedado atrapada entre sus
palabras dulces y mis lágrimas por tanto tiempo.

Me preguntaba por qué. Si no me amaba, ¿por qué
regresaba? ¿Por qué seguía buscándome si ya me
había lastimado tantas veces? ¿Por qué jugar con un
corazón que solo sabía amarlo?

Ahora pienso que nunca fue amor lo que lo hacía
volver, sino su ego.

Tal vez no soportaba verme alejarme.

Tal vez le gustaba saber que seguía allí, esperándolo.

Quizás simplemente no sabía amar, pero tampoco
soportaba ser olvidado.

Recuerdo una noche en particular.

Habían pasado semanas sin saber de él; yo ya me había hecho a la idea de que jamás lo volvería a ver y de que, si él regresaba, no lo iba a aceptar.

Se escuchaba la lluvia golpear las ventanas mientras yo tomaba un té y, de repente, ahí estaba, de pie en mi puerta, con la camisa empapada, mirándome con esos ojos que sabían suplicar y mentir al mismo tiempo.

Su cuerpo temblaba por el frío y el mío por el temblor de su voz.

Me dijo que me había extrañado, que no podía dormir, que necesitaba verme.

Y ahí estaba yo, abriéndole la puerta con el corazón temblando.

Cuando me abrazó, me abrazó tan fuerte que sentí que el dolor desaparecía.

Sus manos encontraron las mías, sus labios mi piel y, por un instante, el tiempo una vez más se detuvo.

Me besó con una ternura que borró cada ausencia, con esa certeza que solo tienen los que saben mentir muy bien.

Esa noche me volví a entregar a él.

Me rendí a su presencia con la misma pasión y deseo
de siempre, al deseo que solo él sabía despertar en
mí.

Cada caricia era una promesa disfrazada, cada beso
un reencuentro entre el alma y el cuerpo, cada
respiración una tregua.

Él era fuego y ternura al mismo tiempo.

Mi piel recordaba su piel, mi cuerpo respondía al
suyo como si el amor pudiera curarlo todo.

Su voz se volvió un susurro, su respiración marcaba
el ritmo del momento.

No hubo prisa.

Solo la necesidad de olvidar el dolor y recordar que
todavía podía sentir.

Me entregué no por deseo, sino por esperanza.

Porque en ese silencio tibio quise creer que el amor
aún existía.

En sus brazos volví a creer que el amor podía ser tan simple como ese instante.

Y mientras la lluvia seguía golpeando las ventanas, él continuó amando cada parte de mi ser, recorriendo mi cuerpo con una ternura silenciosa, hasta quedar en calma, recostado suavemente sobre mi pecho.

Al amanecer, la cama olía a calma… y a despedida.

El sol entró sin pedir permiso y me recordó que su promesa de quedarse nunca había sido verdadera.

Me apena aceptar en cuántas noches caí de nuevo y cómo cada una me dejaba solo con el eco de su respiración aún en mi piel, preguntándome cómo algo que se sentía tan real podía ser tan vacío al despertar.

Esa mañana entendí que a veces el cuerpo recuerda lo que el alma ya no debería permitir.

Me pregunto por qué me tocó vivir algo así.

Crecí en un hogar estable, lleno de amor, con padres que me enseñaron a respetar, a cuidar, a amarme y a amar desde la honestidad.

Nunca vi el amor como un juego ni como algo que se usa para manipular.

Sí, manipular, por fin lo entendí: fui manipulada por el supuesto amor de mi vida.

Creo que eso fue lo que más me confundió.

Yo no conocía el amor desde el dolor, y de pronto me vi justificando lágrimas, aceptando migajas, esperando algo que nunca llegaba.

Él no solo rompió mi corazón…

me hizo dudar de mis creencias sobre el amor, de la pureza con la que sentía.

Por eso no entiendo cómo terminé en una historia donde todo el amor que di fue usado en mi contra.

Y a veces pienso que su manera de amarme —si es que así se puede llamar— era el reflejo de lo que él había visto toda su vida.

Tal vez creció viendo a los hombres de su familia tratar a las mujeres con frialdad, con indiferencia, con egoísmo… Tal vez creció mirando cómo otros hombres trataban así a las mujeres de su familia.

Y sin darse cuenta, repitió lo mismo conmigo.

Yo no era su culpa, pero fui su espejo.

Y él, sin saberlo, fue la herida que vino a enseñarme que no todos saben amar.

Que no importa cuánto amor lleves dentro, si la otra persona no tiene la capacidad de recibirlo, no vale nada.

Reconocerlo me rompió por dentro, pero también me abrió los ojos.

Reconocerlo me rompió por dentro, pero también me abrió los ojos.

Empecé a entender que el amor no duele por sí mismo; duele cuando se entrega al lugar equivocado.

Y que a veces el corazón no se rompe por lo que pasa, sino por lo que imaginaste que iba a ser.

No fue un proceso perfecto.

Hubo recaídas, enojo, lágrimas y confusión. Pero entre todo ese caos, había algo que seguía intacto: mi capacidad de volver a levantarme.

Porque aunque me dolía aceptarlo, esa historia que me destruyó también me estaba enseñando a reconstruirme.

Y en cada pedacito que recogía de mí, iba descubriendo algo nuevo: fuerza, dignidad, amor propio.

Volver a mí no sucedió de la noche a la mañana.

No hubo un momento mágico en el que me despertara y todo el dolor desapareciera.

Fue un trabajo silencioso, lleno de lágrimas, de dudas y de decisiones pequeñas pero firmes.

Decidir que no volvería a permitir que nadie me hiciera dudar de mi valor.

Comencé a recordarme a mí misma quién era antes de él, lo que siempre había querido, lo que merecía.

Pequeños gestos se convirtieron en mi salvación: levantarme temprano y disfrutar de mi café favorito, caminar sin prisa, escribir lo que sentía sin miedo, leer hasta quedarme dormida.

Abracé a mis amigos sin sentir culpa, volví a bailar en mi sala, volví a sonreírle al espejo.

Recordar las palabras de mi padre me ayudó mucho: "Hija, solo porque una persona no reconoce tu valor, no define quién eres como mujer".

Cada acto era un recordatorio: yo soy suficiente. Yo merezco amor y respeto.

Y así, entre lágrimas y pequeñas victorias, empecé a reconstruirme.

Aprendí que amar no significa dejar de estar atenta a ti misma.

Que sentir pasión no debe borrar tu esencia.

Que llorar por alguien que no te valora no te hace débil, te hace humana.

Poco a poco, volví a mí.

A mis sueños, an mis risas, a mi paz.

A recordar que mi corazón es mío primero.

Y que cuando llegue alguien que merezca estar en él, lo hará sin pedirme que me pierda en el camino.

Porque el amor verdadero no te desgasta, te eleva. No te hace dudar de tu valor, te recuerda y celebra quién eres.

A veces los amores no vuelven porque te aman; vuelven porque saben que tú sí los amas.

Sanar es entender eso, soltarlo sin odio y prometerte que jamás volverás a permitir que el amor te duela así.

Volver a ti misma no es egoísmo.

Es la base para poder amar con intensidad, sin
miedo, sin dependencia, sin perder tu esencia.

Amar no es olvidarte de ti…
es aprender a brillar mientras amas.

# Capítulo 3



*Entre el adiós y el despertar*

Hay amores que llegan con la promesa de sanar tus heridas y terminan abriéndolas más.

El mío fue así: intenso, dulce, adictivo… y también destructivo.

Si algo aprendí después de esa historia es que amar no significa sacrificarte hasta desaparecer. Amar no es justificar el dolor ni quedarte esperando a que alguien cambie para merecerte.

Amar, en su forma más pura, también es aprender a amarte a ti misma, aprender a elegirse.

No hay un instante exacto en el que el corazón entiende que es hora de soltar.

A veces lo único que llega es el cansancio.

Un cansancio que ya no se nota en los ojos, sino en el alma.

Empecé a notar ese cansancio en cosas pequeñas.

En la manera en que me quitaba el maquillaje sin prisa. En el silencio al preparar el café. En la falta de ganas de explicarle a alguien cómo me sentía.

Un día te levantas, miras tu reflejo y descubres que el amor que sentías ya no es suficiente, que ya no te sostiene, que cada intento por salvar la relación se ha convertido en una forma distinta de perderte.

Durante mucho tiempo creí que él era mi destino.

Tenía esa habilidad de aparecer justo cuando empezaba a olvidarlo.

Sabía leer mis silencios, reconocer mis debilidades, entrar sin permiso en mis pensamientos.

Regresaba y me decía las palabras exactas, en el momento preciso, con la voz que yo necesitaba escuchar.

Cada vez juraba que sería la última. Y así, una y otra vez, lo dejaba volver.

Aprendí el ciclo sin darme cuenta.
Primero el silencio.
Luego la ansiedad.
Después la nostalgia.
Y finalmente su regreso.

Él sabía cómo envolverse en amor sin sentirlo de verdad. Era experto en confundir ternura con poder.

Tenía gestos que parecían sinceros: la mirada fija, la sonrisa cálida, las promesas dichas al oído mientras me abrazaba.

Y yo, con el corazón ingenuo, las creía todas.

Llegó incluso a decirme:
"Tú tienes la culpa, ¿cómo puedes creer todo lo que te dicen?"

En ese momento no entendí la razón de su pregunta, pues yo pensaba que si yo amaba y hablaba con honestidad, él debería hacer lo mismo.

Porque cuando alguien te mira con dulzura, confías, bajas la guardia y es fácil olvidar que esa misma mirada, y esa misma persona en la que has depositado todo tu amor y toda tu confianza, puede herirte después.

A veces desaparecía sin explicación.

Silencios que duraban días, mensajes y llamadas que nunca llegaban.

Y cuando yo decidía dejar de esperarlo, aparecía de nuevo con un "te extrañé", con flores, con palabras que parecían disculpas.

Ya no dolía igual.

Era una espera sin esperanza, una calma extraña que no traía alivio, solo aceptación.

Su regreso tenía el poder de borrar todo el dolor acumulado.

Era como una tormenta que traía destrucción, pero también ilusión y la tranquilidad de por fin tenerlo cerca.

Así me tenía: atrapada entre la esperanza y el miedo a perderlo.

Había noches en las que me llamaba solo para escuchar mi voz.

Me decía que no podía dormir, que pensaba en mí, que sin mí su vida se sentía vacía, que no tenía sentido.

Y al día siguiente desaparecía otra vez, como si la noche anterior no me hubiese llenado de besos y promesas, como si no me hubiese susurrado al oído que me amaba.

Nunca entendí si era amor o un juego en el que solo él conocía las reglas.

Yo lo amaba con pureza.

Amaba sin máscaras, sin estrategias, sin orgullo.

Le ofrecía un amor genuino y él usaba mi amor como espejo para sentirse importante.

Para él, todo era un juego.

Cada vez que yo lo perdonaba, confirmaba que podía volver.

Parecía medir cuántos días podían pasar sin que yo
lo buscara, cuánto tiempo podía estar sin él y, justo
cuando yo superaba el límite de la última vez,
regresaba.

Una tarde le pregunté:
"¿A qué juegas, mi amor?"
"Ajedrez", respondió en un tono burlesco.

Y así, cada lágrima mía se convertía en un triunfo
silencioso para él.

Su amor era un vaivén: me levantaba al cielo con
besos y caricias suaves y luego me dejaba caer hasta
el infierno con su indiferencia, con su manera tan
cruel y cobarde de mentir.

Me decía:
"Tú eres la única".
"No hay ninguna mujer más hermosa que tú".

Mientras escondía en sus palabras otras historias. Y
lo peor de todo es que lo sabía. De cierta manera lo
podía sentir.

Sabía que mentía, pero también sabía que no podía
dejarlo ir.

Porque el amor, cuando se mezcla con ilusión, se
vuelve una dulce adicción.

A veces me prometía un futuro.

Hablaba de viajes, de cuántos hijos deberíamos
tener, de una casa con olor a café y risas por las
mañanas.

Y mientras yo imaginaba ese sueño, él seguía
construyendo otros con alguien más.

Descubrí sus mentiras en los detalles: en los horarios
que no coincidían, en los silencios incómodos, en las
frases que ya no sonaban iguales.

Y aun así, lo defendía ante todos.
"Él me ama", decía.
"Solo está confundido".

Qué fácil es mentirse cuando el corazón tiene miedo
de aceptar la verdad.

Y así pasaron las semanas, los meses y algunos año

Él venía y se iba, como el viento que promete
quedarse pero nunca deja de moverse.

Y yo, en mi afán de salvar el amor, me olvidaba de
salvarme a mí.

Me convertí en una mujer que no reconocía, una
mujer que esperaba, que justificaba, que callaba.

Y esa fue mi herida más grande: haber confundido
paciencia con resignación.

Hubo una noche que lo cambió todo.

Esa noche sentí algo distinto incluso antes de abrir la
puerta.

No era emoción.

Era despedida.

Llegó sin aviso, con esa mezcla de ternura y urgencia
que conocía tan bien.

Me besó como si el tiempo no hubiera pasado, me
dijo que me amaba, que ahora sí estaba listo, que sin
mí no era nadie.

Y yo, una vez más, quise creerle.

Su piel rozaba la mía con la misma delicadeza con la
que mentía.

Cada beso parecía promesa, cada caricia un refugio
donde el alma quería quedarse.

No era solo deseo; era mi necesidad de creer que el
amor podía sentirse así: cálido, seguro, eterno.

Esa noche me entregué no a su cuerpo, sino a la
ilusión de que su abrazo podía curarme.

Cuando sus manos buscaron las mías, sentí que todo
el ruido del mundo se apagaba.

No había culpa, ni preguntas, ni miedo.

Solo el temblor suave de dos cuerpos intentando
encontrarse donde el amor ya no existía.

Después de ese encuentro, lo recibí una vez más.

Su voz, su piel, la manera en que mi cuerpo aún lo reconocía incluso cuando mi alma ya lo había soltado.

Ya no era deseo, ya no era amor; era costumbre del recuerdo.

No sé si esa noche que volvió a buscarme era real o parte de un sueño que me perseguía.

Me habló con esa dulzura que siempre llegaba tarde y, por un instante, dudé.

Sus besos tenían el sabor de lo prohibido y lo conocido.

Me dejé llevar, no por amor, sino por nostalgia.

Esta vez fue breve, sin brillo, sin magia.

Cuando abrió la puerta para irse, su sombra se quedó un segundo más que él, y supe que esa sería la última vez que su cuerpo tocaría el mío.

Al amanecer, la casa estaba en silencio.

No quedaba su aroma.
No quedaban promesas.

Solo yo… y una calma que nunca había sentido después de él.

Entendí que fui la mujer que mantuvo, pero que nunca eligió.

Me amaba solo cuando era conveniente, nunca de la manera que requería coraje, compromiso o una decisión real.

Finalmente lo entendí. No lloré. Solo respiré hondo y sentí, por primera vez, que el vacío también puede darme paz.

Sentí el eco de su abrazo incluso después de que se fue.

No era dolor, ni ira, ni deseo.

Era memoria que enseñaba, recordándome que la intensidad no siempre es amor y que el corazón puede aprender a soltar incluso lo que más anhela.

Por la mañana me miré al espejo y no me reconocí.

Tenía los ojos cansados, el alma gastada, el corazón en guerra.

Y entonces entendí que, por más que mi corazón lo anhelara, él no era el amor de mi vida; era la lección que necesitaba para volver a mí.

Porque yo no le pedía perfección, solo honestidad, claridad y un amor que no se ocultara, que no confundiera, que no rompiera.

El amor no me destruyó; me destruyó la esperanza de que él cambiara.

Lo esperé tanto que me olvidé de mí.

Mientras él me mantenía en la sala de espera de su vida, se entregaba por completo a otros, a un futuro que jamás me incluía a mí.

Y cuando lo entendí, el dolor se transformó en claridad.

Entre el adiós y el despertar hay una línea invisible.

La cruzas cuando ya no necesitas respuestas, cuando
el dolor deja de ser herida y se convierte en
sabiduría.

Ese día respiré profundo y supe que yo ya no
volvería.

No porque dejara de amarlo, sino porque por fin me
amaba más a mí.

En el silencio de la noche me arrodillé ante Dios y,
con lágrimas en el rostro, le pedí que ese hombre no
regresara jamás.

Dejé de pedir explicaciones.
Dejé de pedir señales.

Por primera vez, solo pedí paz.

Por primera vez, solo quería que se fuera para
siempre.

Aprendí que hay amores que llegan para enseñarte
lo que no mereces, y su amor era uno de esos.

Aprendí que no todos los "te amo" son promesas;
algunos son engaños.

Y que cuando alguien juega con tu amor, no pierde
tu corazón: pierde la oportunidad de conocer un
amor verdadero.

Y así, en la oscuridad de la noche, mientras la ciudad
de las luces dormía, comprendí algo que antes no
podía: no se trata de olvidar, sino de reconciliarme
conmigo misma.

Cada lágrima, cada recuerdo, cada pasión
compartida tenía un propósito: enseñarme a
reconocer mi valor, a distinguir entre amor y
necesidad.

Ese fue mi despertar.

No llegó con ruido, sino con silencio, con calma, con
fe y verdad.

Porque cuando aprendes a amarte, incluso el adiós
se siente como libertad.

Y con esa libertad comenzó mi verdadero renacer: un
camino que me llevaría a recordarme, a elegirme y a
reconstruirme, paso a paso, hasta que el amor
verdadero pudiera encontrarme sin arrastrarme al
pasado.

# Capítulo 4

*Aprender a soltar sin odiar*

Soltar es un acto de amor propio, uno de los más difíciles, uno de los más honestos. Y, aunque nadie lo dice, soltar sin odio… es un arte.

Mi camino hacia ese arte comenzó el día en que la paz llegó sin avisar.

Recuerdo que era un día lluvioso.

Un cielo gris que parecía un espejo de mis emociones de los últimos meses.

Me senté junto a la ventana, como de costumbre, con una taza de té caliente entre las manos, observando cómo las gotas competían por llegar al borde del cristal.

En ese pequeño escenario cotidiano, me di cuenta de que algo en mí había cambiado.

Por primera vez no sentí tristeza.
No sentí ansiedad ni esperanza.
No me sentí morir.
Ya no sentí ese vacío que antes me mordía el alma cuando pensaba en él.

Sentí paz.

Una paz sencilla, suave, como una manta ligera
sobre mis hombros cansados.

Una paz que no venía de él ni de nadie, sino de mí.

De haber aceptado lo que fue, de haber dejado de
negociar con la realidad, de haber soltado la ilusión
que tanto tiempo quise sostener.

Fue en esa quietud donde la vida decidió mostrarme
la verdad que tanto había evitado.

Un día, casi sin querer, descubrí lo que siempre
estuvo frente a mis ojos, pero que mi corazón, por
amor, se negaba a aceptar.

Cada palabra de amor salida de su boca, cada caricia
que me hacía temblar, cada promesa que me
dibujaba el futuro… todo estaba repetido en otras
vidas, en otros cuerpos, en otros corazones.

Todo había sido una mentira, un simple juego de
ajedrez para él.

Mientras al oído me susurraba "te amo", le decía lo mismo a otras más.

Mientras me prometía una vida juntos, construía ilusiones con otros amores.

Mientras me preguntaba cómo estaba, preguntaba lo mismo a varias otras.

Las pruebas no dejaron lugar a dudas.

Pude ver fotos suyas abrazando a otras mujeres con el mismo amor y la misma ternura con la que tantas veces me abrazó a mí; videos donde su voz sonaba cálida y enamorada, como tantas veces lo escuché hablarme, pero esta vez sus palabras eran dedicadas a alguien más que no era yo.

No había duda alguna.

Las fechas coincidían con capturas de momentos íntimos repetidos con una precisión que me dolía, que me desgarraba el alma.

Sin buscarlo, tenía las pruebas en mis manos.

Supe entonces lo que jamás imaginé…
sin darme cuenta, él siempre había tenido otros
amores.

¡Yo!
Yo, que jamás me habría permitido involucrarme en
un juego de esa clase.
Yo, que jamás permitiría que mi amor se convirtiera
en una herida para otras mujeres.
Yo, que fui criada con dignidad, respeto y principios.
Yo, que amé desde la honestidad y la entrega.

Y él… él lo sabía.
Sabía quién era yo.
Sabía qué valores me guiaban.

Y aun así decidió convertirme en parte de un juego
que yo nunca consentí.

Eso fue lo que más me lastimó, lo que más odié, lo
que más llegué a despreciar de él.

Y, sin querer, enterarme de esto me hizo retroceder
unos pasos atrás.

Por mucho tiempo me sentí cobarde, sí, cobarde, por
no reclamarle, por no gritarle la verdad que ardía
dentro de mí.

Por no decirle en su cara que había descubierto su
juego.

Pero llegó un momento en el que entendí algo
esencial, algo que él jamás comprendería: una
persona merece saber la verdad, por más dolorosa
que sea.

Y esa verdad era el cierre que tanto necesitaba.

Callar, alejarme sin reclamos, también fue un acto de
amor propio.

No quise abrir la puerta para que me envolviera de
nuevo.

No quise prestarme a su manipulación, a su encanto
fácil, a su habilidad para reconstruir la mentira con
palabras dulces.

No quise volver a caer en un abrazo que me habría
devuelto al mismo laberinto del que me había
costado tanto salir.

Y entonces, en medio del dolor más profundo, llegó
la comprensión que cambió mi vida.

Sí, él fue un hombre que sostuvo falsamente mi
mano durante momentos oscuros de mi vida, un
hombre que supo decir las palabras correctas cuando
me estaba cayendo.

Pero también fue un hombre inconsistente, distante
y emocionalmente desconectado.

Él fue un hombre que no me amaba; un hombre que
me daba solo lo suficiente para mantenerme
enganchada, pero nunca lo suficiente para hacerme
sentir segura.

En esa relación lloré más de lo que sonreí,
sobrepensé más de lo que descansé y, cuando
intentaba alejarme, él regresaba y me recordaba la
versión de él que me hacía sentir viva.

Una versión que yo misma había inventado.

Él no era un hombre que sabía amar.

Era un hombre que sabía conquistar, seducir,
coleccionar admiración, afecto, cuerpos y miradas…
pero no sabía sostener el amor de nadie, ni siquiera
el suyo propio.

No buscaba amor; buscaba atención.
No buscaba conexión; buscaba validación.
No buscaba relaciones; buscaba espejos donde verse
grande, deseado, importante.

Cuando lo entendí, una parte de mí despertó.

Despertó con una fuerza que jamás pensé tener.
Despertó cansada de excusar lo inexcusable.
Despertó harta de dar amor donde solo recibía
migajas disfrazadas de cariño.

Ya no quise ser parte de su mentira.

Ya no quise esperar un amor que nunca existió.

Ya no quise sostener la historia que yo misma
inventé con la versión idealizada de él.

Y entonces entendí algo: que la vida, a veces, te
obliga a aprender con dolor…

Y que la verdad, aunque te quiebre, te libera.

Soltar sin odiar no significa justificar.

No significa olvidar.
No significa idealizar lo que pasó.

Soltar sin odiar es comprender que el odio también
ata, y yo ya no quería seguir atada a él.

Que el rencor también es una cadena.
Que aferrarte a la rabia te mantiene unida a aquello
que ya no merece tu energía.

Yo no quería quedarme presa en esa emoción.

No quería que el daño que él causó siguiera
viviendo dentro de mí.

No quería convertirme en una mujer desconfiada,
herida, endurecida.

Quería sanar. Quería seguir siendo yo. Quería volver
a amar algún día sin miedo ni sospecha.

Y para eso, tenía que soltar sin odio.

Comencé a verlo como lo que realmente era: un
hombre limitado emocionalmente, incapaz de
sostener a una mujer completa; un hombre que
buscaba afecto porque no sabía amarse a sí mismo.

Esa comprensión no lo volvió inocente, pero sí lo
volvió pequeño.

Ya no era el gigante que había dominado mi mente.
Ya no era el amor imposible que me consumía.
Ya no era la mitad que creí perder.

Era solo un hombre roto haciendo pedazos a quien
lo amaba.

Verlo así no borró el dolor, pero lo transformó.

Dejó de ser un dolor que quemaba y se volvió un
dolor que enseñaba.

Y a esas mujeres a las que él también engañó, que vivieron mi misma historia a su lado, quiero decirles algo.

No importa si estaban enteradas de mi existencia o no.

El amor no debería doler.

El amor no se supone que te haga sentir difícil de amar.

Y cuanto más tiempo se queden, más le enseñan a su corazón a conformarse con un amor a medias, con migajas.

Tal vez, como a mí, al principio las hizo confiar, las hizo reír, les dijo las palabras correctas en el momento preciso, sostuvo su mano en momentos difíciles… pero él no es ese hombre, y en el fondo lo saben.

Mírense en mí: no están saliendo con su potencial, están saliendo con sus patrones.

Con los patrones de un hombre que necesita sanar.

Yo creí e insistí mil veces en la persona equivocada y lo único que hice fue perder tiempo.

Hasta que llegó un momento en que entendí que es mejor dejar ir ahora que despertar cinco años después y descubrir que, por no perder a alguien, se perdieron a ustedes mismas, a sus sueños, a su esencia.

Les deseo paz y la fuerza para comprender que valen mucho más de lo que él les está haciendo creer.

Hubo un momento de quietud en el que sentí que algo se cerraba dentro de mí.

No fue dramático.
No hubo llanto ni gritos.
No hubo llamadas ni despedidas pendientes.

Solo silencio.

Estaba sola en mi habitación, con la luz apagada, escuchando mi propia respiración.

El teléfono estaba lejos, olvidado sobre la mesa, sin poder sobre mí.

Por primera vez, no sentí la necesidad de buscarlo, de explicarme, de entenderlo.

Me recosté boca arriba y dejé que los pensamientos pasaran sin pelear con ellos.

Ya no dolían como antes.
Ya no ardían.

Su nombre apareció en mi mente como un recuerdo antiguo, no como una herida abierta.

Y entendí algo que jamás había podido aceptar: el amor que sentí fue real, pero la historia no lo fue.

No sentí odio.
No sentí rencor.

Solo una tristeza suave, parecida a la que se siente cuando aceptas que algo hermoso terminó… y está bien que así sea.

Esa noche me perdoné.

Me perdoné por haber creído.
Por haber esperado.
Por haber amado sin reservas.

Me abracé con ternura, como si fuera otra mujer cuidando de la que había sido.

Y en ese gesto sencillo comprendí que no necesitaba justicia, ni explicaciones, ni una disculpa que nunca llegaría.

Lo único que necesitaba… era soltar.

Soltar sin odiar.
Soltar sin arrastrar el pasado.
Soltar con la dignidad intacta.

Ahí, en esa quietud, supe que algo había cambiado
para siempre.

Que ya no era la mujer que esperaba.
Que ya no era la mujer que justificaba.

Era una mujer despierta.

Y desde ese lugar, sin prisa y sin ruido, el amor dejó
de doler…
y empezó a enseñarme.

# Capítulo 5

*Elegirse a uno mismo*

No hay un mapa trazado para volver a uno mismo.

No existe una ruta clara ni señales luminosas que indiquen por aquí se regresa al corazón, a la tranquilidad.

Lo único que existe es un día, un momento, un suspiro en el que algo dentro de ti comienza a moverse, aun sin entender el porqué.

El primer paso hacia mi renacer fue silencioso, casi tímido, como una luz suave entrando por la rendija de una puerta que había permanecido cerrada durante demasiado tiempo.

Yo había vivido tanto tiempo dentro del ruido

El silencio me recordaba su ausencia, mis dudas, mis noches largas esperando una respuesta que nunca llegaba.

Durante mucho tiempo confundí el silencio con abandono.

Creí que estar en calma significaba estar sola, que la quietud era sinónimo de vacío.

Pero un día comprendí algo distinto: el silencio también podía ser refugio.

Que no todo silencio es pérdida; algunos silencios son el principio de la paz.

La ausencia de él —esa ausencia que antes me aterraba, que me devastaba— comenzó a sentirse ligera... difícil de explicar, casi como un descanso.

Y, sin esperarlo, mi corazón, ese que tanto tembló por amor y por miedo, empezó a latir de nuevo...

pero esta vez por mí.

Cada respiración profunda se convirtió en un acto de valentía.

Cada momento de soledad disfrutada, en una conquista.

Cada decisión de priorizarme, en un recordatorio silencioso de que yo también merecía ser elegida.

Volver a mí misma fue un proceso lento, delicado, casi sagrado.

Aprendí que el renacer no es un evento grandioso, sino una suma de instantes cotidianos que, uno a uno, te devuelven la vida.

Pequeños gestos comenzaron a transformarse en rituales de amor propio.

Despertar temprano para sentir el calor del sol sobre mi piel.

Preparar un café sin prisa, como quien se prepara un abrazo.

Caminar despacio y descubrir que la ciudad tiene otro ritmo cuando no llevas dolor en el corazón.

Escuchar la música que me hacía vibrar antes de que él existiera en mi historia.

Y en cada gesto había un susurro, casi imperceptible, pero constante:

"Estoy aquí… para mí".

Aprendí a mirar mis cicatrices sin tristeza, como quien observa viejos mapas que ya no duelen porque han sido recorridos.

Y comprendí algo que marcó profundamente mi transformación: no todo amor merece quedarse, y no todo dolor merece cargarse para siempre.

Perdonar fue mi primer acto de libertad.
No para él, sino para mí.

Perdonar no significaba justificar lo ocurrido, sino soltar la necesidad de entenderlo todo.

Y solté…

porque entendí que seguir sosteniendo lo que me hería era la forma más lenta de desaparecer.

Dejar ir se convirtió en un acto de valentía.

No se trataba de borrar lo que fue, sino de quitarle el poder de definir lo que soy.

Con el tiempo, la claridad llegó como llegan los amaneceres: sin ruido, sin prisa, pero inevitable.

Esa claridad se manifestaba en pequeños destellos: una sonrisa espontánea, un momento de calma al cerrar los ojos, la sensación de que mi cuerpo podía descansar después de tanta tensión emocional.

Empecé a reconocerme en los detalles, en la forma en que mi voz sonaba más firme, en el brillo distinto de mis ojos, en la libertad de no esperar nada de nadie.

Recordé lo que me hacía feliz antes de él.

Reí con mis amigas hasta que me dolió el estómago.

Bailé sola en mi habitación sin sentirme ridícula.

Caminé bajo el cielo nocturno escuchando mi música favorita sin sentir nostalgia.

Descubrí que la soledad podía ser compañía.

Que mirar mi reflejo podía traer gratitud en vez de tristeza.

Descubrí que cada lágrima derramada sobre el pape
donde escribía este libro era un pedazo de mi alma
regresando a su lugar.

No buscaba volver a ser la de antes; buscaba
convertirme en la mujer que siempre fui, pero ahora
más consciente, más fuerte, más libre.

El amor propio, lo entendí al fin, no llega de repente

Llega como gotas… sí, gota a gota, despacio.

Una decisión al día.
Una renuncia al dolor.
Una caricia hacia uno mismo.
Una verdad que ya no se niega.

Elegirme también fue aprender a decir "no" sin
culpa.

Fue dejar mensajes sin responder porque mi paz era
más importante que mi ansiedad.

Fue dormir sin esperar una llamada.

Fue entender que no puedo salvar a quien no quiere
salvarse, ni amarrarme a quien no quiere quedarse.

Poco a poco, la vida comenzó a sentirse distinta.

Cada gesto de cuidado hacia mí misma era un acto
de renacer.

Renacía cuando me preparaba el desayuno.
Renacía cuando me arreglaba solo para mí.
Renacía cuando caminaba sin prisa mirando el cielo.

Renacía incluso cuando lloraba…

porque ya no lloraba por él; lloraba por mí, para
vaciarme, para sanar.

Aprendí que el renacer comienza cuando dejas de esperar que alguien llegue a rescatarte.

Que tu valor no depende de la presencia o ausencia de nadie.

Que tu paz interior es sagrada y merece ser defendida.

Cada caída, cada noche de insomnio, cada recaída emocional me enseñó a regresar a mi centro, a hablarme con cariño, a sostenerme con paciencia, a amarme a mí misma.

Y entonces sucedió.

Un día, sin anunciarse, sin ruido, sin dramatismos… desperté distinta.

Miré el teléfono y no esperé nada.

No imaginé su nombre en la pantalla.

No sentí ese apretón en el pecho.

No esperé explicación ni regreso.

No esperé amor donde ya no lo había.

Ese día lo supe…

mi renacer había comenzado.

No fue inmediato.

Renacer no significó levantarme al día siguiente sintiéndome invencible, ni libre de recuerdos, ni completamente curada.

Renacer fue aprender a quedarme conmigo incluso en los días grises.

En los días en los que el pasado aún tocaba la puerta de mi memoria sin pedir permiso.

En los días en los que la nostalgia aparecía como una sombra suave, ya sin fuerza, pero todavía presente.

Hubo momentos en los que me senté sola en silencio, sin música, sin distracciones, sin explicaciones.

Momentos en los que simplemente respiré, dejando que el aire entrara y saliera de mi cuerpo como un recordatorio de que seguía viva… y entera.

Aprendí a escucharme.

A preguntarme qué necesitaba ese día: descanso, movimiento, escritura, llanto o simplemente calma.

Y por primera vez, me respondí con honestidad.

Renacer también fue reconocer mis límites.

Aceptar que había días en los que podía con todo y otros en los que apenas podía conmigo misma.

Y entender que ambas versiones eran válidas.

Comencé a tratarme con la misma ternura con la que antes cuidaba a otros.

A hablarme con suavidad.

A no exigirme sanar rápido.

A no obligarme a estar bien cuando todavía estaba aprendiendo a estar.

Mi cuerpo también empezó a cambiar.

Dormía mejor.
Respiraba más profundo.
Mi pecho ya no se cerraba con cada recuerdo.
Mis hombros dejaron de cargar un peso que durante
años confundí con amor.

Habitar mi renacer fue dejar de huir de mí.

Fue quedarme.

Fue sostenerme incluso cuando no sabía
exactamente quién estaba siendo.

Y en ese proceso silencioso entendí algo esencial:

no estaba reconstruyéndome…

me estaba recordando.

# Capítulo 6

*El perdón y la libertad de amar de nuevo*

Creí que sanar era alejarme para siempre.

Que soltar significaba no volver a mirar atrás, cerrar la puerta sin mirar, desaparecer del lugar donde dolió.

Durante mucho tiempo pensé que esa era la única forma de sobrevivir.

Pero con el tiempo entendí que hay cierres que no ocurren en la ausencia, sino en el reencuentro.

Y que algunas veces, la vida te enfrenta una vez más con aquello que te dolió, no para probar tu fortaleza, sino para mostrarte cuánto has crecido.

Nunca imaginé que el amor que más me dolió sería también el que más me enseñaría.

Durante mucho tiempo cargué con el peso del "por qué".

Por qué me engañó.

Por qué jugó con mis sentimientos.

Por qué me hizo creer en un amor que solo existía en mis ojos.

Busqué respuestas en su mirada, en sus palabras, en su silencio.

Intenté entenderlo todo.

Reconstruyendo la verdad a partir de fragmentos rotos, deseando encontrar una lógica en aquel caos emocional, como si comprenderlo pudiera aliviar el dolor.

Me aferré a cada recuerdo, a cada gesto, tratando de darle sentido a lo que me había dejado vacía.

Llegó un momento en que comprendí que hay preguntas que no se responden con explicaciones, sino con paz.

Entendí que la vida, cuando quiere despertarte, no susurra: te sacude.

Que no siempre te da respuestas claras, sino claridad interior.

Y que la verdad, aunque duela, es la mano que te levanta y te da la fuerza para continuar cuando ya no queda nada a qué aferrarse.

Así, entre silencios y noches largas que con el tiempo se volvieron suaves, aprendí la lección que más me costó aceptar: algunas respuestas llegan cuando el corazón está listo, no cuando la mente las exige.

Aprendí a soltar la necesidad de entenderlo todo y a confiar en lo que mi alma ya sabía.

Con el tiempo, mi vida dio un giro.

Me fue mucho mejor económicamente, me sentía
más saludable, más fuerte, completamente
independiente.

Volví a reconocerme.

Volví a habitarme.

Y fue entonces, después de mucho silencio, cuando
yo ya había aprendido a estar conmigo…

que él volvió.

Sí, volvió.

No regresó como aquel hombre que alguna vez me
enamoró.

No como el hombre que yo creí conocer.

No llegó con seguridad ni promesas.

Llegó con la voz quebrada, los ojos cansados, el gesto vencido.

Llegó con ese aire de quien ya no puede sostener las mentiras —mentiras que él mismo construyó—.

Llegó como quien se enfrenta, por fin, al peso de sus actos.

Derrotado.

Se acercó sin pedir permiso, como quien sabe que ha perdido el derecho, y me pidió perdón.

Por primera vez se despojó de todo y me habló desde la herida que él mismo había creado.

En ese instante no vi al hombre que me rompió el corazón; vi a un ser humano roto también por dentro, atrapado en sus propios vacíos, en sus errores, en su incapacidad de amar.

Besaba mis manos desesperadamente, buscando el perdón.

Me pidió que empezáramos desde cero.

Esa tarde habló con la verdad.

Y esta vez lo sentí sincero.

No intentó justificarse.

No buscó convencerme de creer en sus palabras ni recuperar la confianza perdida.

Con la voz quebrada, intentó pedir una última oportunidad.

Y, aun así, en ese momento no vi al hombre que me rompió el corazón; volví a ver al ser humano que también estaba roto por dentro.

Entonces ocurrió algo que nunca olvidaré.

Ese hombre pagó un precio doble.

No solo perdió mi amor, también se enfrentó a su
propia caída.

Lloró desconsoladamente.

Sus lágrimas caían sin control y, al verlas, sentí pena
por él.

Qué ironía: aquellas lágrimas se parecían demasiado
a las mías… a las que yo derramé en silencio durante
tantas noches.

Pidió otra oportunidad.

No con grandes discursos ni promesas vacías, sino
con la desesperación de quien entiende —demasiado
tarde— lo que ha perdido.

Pero no fueron necesarias muchas palabras.

Él pudo verlo en mi mirada.

De todo el gran amor que le tuve, de ese amor que
alguna vez me hizo sentir morir, ya no quedaba
nada.

Absolutamente nada.
No odio.
No rencor.
No esperanza.

Solo una calma firme y definitiva.

Escucharlo no removió el pasado como yo
imaginaba.

No despertó rabia ni ilusión.

No abrió heridas nuevas ni reavivó esperanzas
viejas.

Lo que despertó fue comprensión: una comprensión
serena, silenciosa, que no pedía explicaciones ni
respuestas adicionales.

Y fue entonces cuando entendí que perdonar no
significaba olvidar lo que hizo, ni minimizar el daño,
ni justificar sus actos.

Perdonar era soltar el dolor que me había atado a él
durante tanto tiempo.

Entendí que perdonar también es cerrar el círculo desde la conciencia, no desde el rencor.

Era dejar de cargar una historia que ya había cumplido su propósito en mi vida.

Comprendí entonces que él era un hombre que no sabía amar.

No porque no sintiera, sino porque nunca aprendió a sostener.

Aprendió a tomar el amor de las mujeres como un reflejo de su propio vacío.

A alimentarse de la admiración, del cariño y de la entrega, no para compartirlos, sino para llenar lo que dentro de sí estaba quebrado.

Y aunque dolió aceptarlo, también entendí algo esencial:

nadie puede dar lo que nunca tuvo.

Fue en esa claridad donde la verdad terminó de acomodarse en mí.

Confirmé que no fui la única.

Supe que no solo me hizo sentir única a mí, sino que nos hizo sentir únicas a todas sin sentir amor por nadie.

Que en realidad solo buscaba reafirmarse a través de nosotras.

Me dolió imaginar cuántas fueron engañadas al igual que yo.

Me dolió aceptar que, aunque mi amor fue genuino, yo solo fui una de tantas en su vida.

Pero esa verdad —tan cruel como poderosa— me abrió los ojos.

Porque entonces lo entendí con una certeza que ya no dolía:

No importa quién fue la elegida.

Importa quién tuvo el valor de irse.

Solo importa que me elegí a mí misma.

Y yo me fui.

Me fui cuando ya había aprendido lo que tenía que aprender.

Me fui cuando entendí que quedarme era traicionarme.

Me fui cuando mi alma empezó a pedirme luz.

Hoy puedo mirarlo sin dolor.

Hoy puedo recordar el pasado sin que mi pecho se quiebre.

Finalmente hice las paces con el final que tuve.

Hice las paces con cada parte de mi ser, incluso con aquella que amó más de lo que debía.

A ese hombre lo amé tanto que jamás podría mirarlo con odio.

Porque, a pesar de todo —aunque me mintió,
aunque me lastimó—, también fue un maestro
involuntario en mi camino.

Gracias a él aprendí a poner límites.
Aprendí a elegir con el alma despierta.
Aprendí a diferenciar el amor real del amor que solo
imita.

Y fue entonces cuando comprendí la lección final:

El perdón no se da por la otra persona, sino por una
misma.

Perdonar es abrir espacio para que vuelva a entrar la
luz.

Es poder alejarte con el alma en calma,
sin cargas,
sin cadenas,
sin cuentas pendientes.

Es poder irte en paz.

Hoy puedo recordarlo sin afán de justificarlo y reconocer al niño asustado que creció con miedo al abandono.

Puedo desearle, desde el amor, que la vida lo bendiga y le conceda la paz que nunca tuvo.

No me queda más que desearle que pueda sanar su corazón.

Porque, a pesar de todo —aunque me mintió, aunque me lastimó—, también fue un maestro involuntario en mi camino.

Gracias a él aprendí a poner límites.
Aprendí a elegir con el alma despierta.
Aprendí a diferenciar el amor real del amor que solo imita.

Y fue entonces cuando comprendí la lección final:

El perdón no se da por la otra persona, sino por una misma.

Perdonar es abrir espacio para que vuelva a entrar la luz.

Perdonar es poder alejarte con el alma en calma,
sin cargas,
sin cadenas,
sin cuentas pendientes.

Es poder irte en paz.

Después de años, cuando mi corazón ya había
soltado su nombre, cuando menos lo esperaba…

apareció él.

El verdadero amor de mi vida.

El hombre que la vida guardaba para el capítulo más
tierno de mi historia.

No llegó con promesas grandiosas ni discursos que
parecían sacados de una película.

Llegó con silencio, con respeto y con mucha
paciencia.

Llegó sin urgencia, sin expectativas, sin máscaras,
sin ternura falsa.

Llegó cuando ya no buscaba amor
desesperadamente.

Apareció justo en el momento correcto, cuando por
fin me estaba encontrando a mí misma.

Apareció cuando la herida ya no dolía, aunque aún
era sensible.

Su presencia se sentía como un refugio cálido, un
espacio seguro donde podía ser yo misma sin
reservas.

Su manera de acercarse fue delicada, como quien
sostiene un cristal sabiendo que dentro hay un
corazón que aprendió a renacer.

Siempre atento a mis silencios, observando mis
gestos, comprendiendo mis emociones sin necesidad
de explicaciones.

No tenía que pedir nada…
él parecía anticiparse a lo que necesitaba.

Su amor no se imponía: se ofrecía.
No me exigía, me acompañaba.

Con él aprendí que el amor también se manifiesta en
lo simple.

En las mañanas sin prisa, cuando el sol entraba
tímido por la ventana y él ya estaba despierto,
preparándome café como quien prepara un acto de
cuidado.

A veces no hablábamos.
No hacía falta.

Bastaba con sentir su presencia cerca, su mano rozando la mía, su forma tranquila de habitar el espacio sin invadirlo.

Me escuchaba de verdad.

No para responder, sino para comprender.

Cuando hablaba, me miraba a los ojos. Cuando callaba, respetaba mi silencio.

Con él no sentía la urgencia de demostrar nada.

No necesitaba ser más, ni mejor, ni distinta.

Podía ser exactamente quien era… y eso bastaba.

Ese fue el primer indicio de que este amor no venía a herirme.

Venía a quedarse.

Él es un hombre extraordinario que anhela la tranquilidad, la paz mental, la libertad financiera y e asentamiento.

Un hombre educado, un caballero en toda la extensión de la palabra, emocionalmente listo para formar una vida en pareja.

Cada día traía pequeños gestos que construían un mundo nuevo: flores frescas —tulipanes y peonías, mis favoritas—, caminatas tomadas de la mano, miradas que hablaban más que las palabras.

Se interesaba por mi familia, por mis padres, por mis hermanos, por quienes amo.

Me hacía sentir que mi mundo era importante para él, que mi historia era digna de cuidado.

Poco a poco fui confiando.

Él me entregó su corazón y, sin darme cuenta, yo ya me había enamorado.

Todos podían notar el brillo en mi mirada, mis sonrisas sin razón aparente.

Finalmente, el verdadero amor me había encontrado.

Fue en un momento simple, casi imperceptible, cuando comprendí que lo amaba sin miedo.

No ocurrió en un instante grandioso, ni durante una confesión intensa.

No hubo palabras solemnes ni promesas pronunciadas en voz alta.

Ocurrió sentados en el sofá, con la casa en silencio, compartiendo una película que ninguno de los dos estaba realmente mirando.

Él me rodeó con sus brazos y apoyé mi cabeza en su pecho.

Escuché su respiración, lenta, tranquila, constante.

En ese instante entendí algo que jamás había sentido antes:

mi cuerpo no estaba en alerta.
mi mente no estaba anticipando una pérdida.
mi corazón no estaba defendido.

No había ansiedad. No había miedo.  No había
necesidad de demostrar nada.

Estaba en casa.

Y supe que amar así —sin sobresaltos, sin dudas, sin
miedo— era el regalo más grande que la vida podía
darme después de todo lo vivido.

Y así, un atardecer de septiembre, rodeados de las
personas que amamos, me pidió matrimonio con la
certeza de quien sabe lo que elige.

Me dijo que quería caminar la vida conmigo, mano a
mano, y que en su futuro no existía otro rostro que
no fuera el mío para ser la madre de sus hijos.

Que amaba cada pedacito de mi ser y que conmigo
era plenamente feliz.

Dijo que deseaba que formáramos una familia, que
anhelaba pasar el resto de su vida a mi lado.

Y fue así como, después de ocho meses de
preparativos, nos casamos.

Unimos nuestras vidas en la playa, como siempre soñé, con las olas del mar como testigos.

Fue algo íntimo, delicado, como su amor por mí.

Me dio una boda de ensueño, rodeada de las personas correctas celebrando nuestra felicidad.

De eso han pasado algunos años, y aún puedo vibrar, sentir la emoción y la nostalgia de ese día tan especial.

Con él, cada mañana despierto sabiendo que soy vista, escuchada, comprendida.

Despierto con la certeza de ser amada.

A veces basta su mirada cargada de calma para deshacer mis temores; a veces basta un abrazo suyo para reacomodarlo todo dentro de mí.

Cuando me quedo dormida, ajusta mi manta con esa ternura que solo tienen los hombres que aman desde la esencia, no desde el ego.

Me hace sentir profundamente agradecida de ser la madre de nuestros hijos.

Es atento con ellos; admiro su dedicación y entrega.

Es un padre amoroso, un padre ejemplar.

Cuando caminamos juntos, su mano entrelazada con la mía no es solo compañía:

es protección.

Es un lenguaje silencioso que me dice:
"Estoy aquí, y nunca voy a soltarte".

Hay gestos que me enamoran sin que pronuncie una sola palabra.

La forma en que acomoda mi cabello detrás de la oreja.
Cómo me cubre con su abrigo sin que yo lo pida.
El beso suave en la frente que me recuerda que existo en su pensamiento.
La manera en que besa mis manos como si agradeciera que estén en las suyas.
La ternura con la que recorre mi cuerpo.
Y esa forma tan delicada que tiene de amarme.

A veces simplemente se sienta a mi lado a
observarme escribir, con los ojos llenos de
admiración, como si cada palabra que nace de mí
fuera sagrada, como si quisiera ser testigo de mi
renacer.

En nuestra rutina hay magia.

Desayunamos juntos, tomamos café sin prisa,
conversando con los ojos.

Caminamos por el parque como si el mundo se
detuviera para dejarnos existir.

Me sorprende con flores, con notas escondidas en mi
bolso:

"pienso en ti"
"sonríe hoy"
"te amo"
"gracias por existir"

Pequeños gestos que iluminan el alma más que
cualquier regalo.

Cada tulipán, cada peonía, cada abrazo inesperado
es una evidencia de que el amor sano no duele.

El amor que experimento ahora, el amor verdadero,
sostiene.

No confunde.
Brinda certeza.
No limita.
Expande.

Nos amamos incondicionalmente, sin temor a
demostrarlo.

Hoy soy feliz.

Soy amada con respeto, con cariño y con esa calma
que se siente cuando sabes que estás en el lugar
correcto.

Por las tardes podemos pasar horas sentados en el
sofá.

Él me envuelve con sus brazos y me susurra
historias, deseos, recuerdos.

Reímos de nuestras pequeñas bromas.

Hablamos de nuestro día y de los días que están por venir.

Me habla de la vida que nos espera juntos.

Puedo escucharlo hablar por horas.

Su voz me llena de paz.

Me comprende y me ofrece una tranquilidad que jamás imaginé posible.

Y yo lo amo con entrega y admiración, desde un lugar de paz, consciente y lleno de gratitud.

Cada gesto cotidiano, cada atención silenciosa, cada detalle pensado con ternura me recuerda que he encontrado un amor que no solo ilumina, sino que también sostiene y protege.

A veces me dice:

"Empaca algo ligero… nos vamos a la playa unos días".

Él sabe que mi alma respira mejor cuando el mar me habla.

Conoce cuánto amo el vaivén de las olas y la paz que me regalan.

Y ahí comprendí que Dios había escrito mi
verdadera historia de amor.

Entre olas, manos entrelazadas y miradas que no
necesitan traducción, descubrí algo que jamás pensé
volver a sentir:

la libertad de amar sin miedo.

Hoy me sé amada.

Soy vista sin tener que esforzarme por ser perfecta.

Soy cuidada sin tener que pedirlo.

Soy elegida todos los días:
en los detalles,
en los silencios,
en la manera en que me abraza cuando el mundo
pesa.

Finalmente entiendes la diferencia entre ser la
opción de alguien y ser la respuesta a una oración
pedida.

Y cuando el amor se revela así —cálido, verdadero, presente—, las palabras ya no nacen del recuerdo, sino de la certeza.

Mi vida, estas palabras son para ti.

Quiero recordarte mis votos, los que te juré el día de nuestra boda.

Mi amor: puedes confiar en mi amor porque es real; puedes confiar en mi sonrisa porque lo único que deseo es transmitirte felicidad.

Compartiré tus sueños y te alentaré a alcanzarlos, estando siempre a tu lado en cada paso del camino.

Te escucharé con atención, compasión y comprensión, incluso en tu silencio.

Porque ahora somos uno mismo.

La vida nos trajo hasta aquí, y ahora es el momento de regalarnos millones de instantes juntos donde prevalezcan la unión, la paz y, principalmente, nuestro amor.

Te amo con todo mi corazón, mi vida, y me siento feliz y honrada de tomar tu apellido como el mío propio.

Y en la quietud que sigue a estas palabras comprendí que nada de esto habría sido posible sin el proceso del alma.

Que amar así es el resultado de haber atravesado la herida, de haber mirado el dolor sin huir y de haber elegido la sanación.

Porque el amor que permanece no nace del azar, sino de un corazón que aprendió a perdonar, a agradecer y a confiar de nuevo.

Finalmente comprendí que perdonar no es debilidad: es libertad.

Agradecer no es olvidar: es honrar lo aprendido.

Amar de nuevo no es locura: es valentía.

Porque quien ha sido rota y aun así elige creer en el amor y volver a amar… no es ingenua.

Es infinita.

Y cuando el amor llega con paz, con paciencia y con verdad;
cuando llega sin sombras, sin prisas, sin heridas;
cuando llega y se siente como hogar…

entonces sabes que, al fin, encontraste lo que siempre mereciste.

# Epílogo

*Desde mi alma*

A veces la vida nos rompe para enseñarnos a reconstruirnos desde un lugar más puro.

Yo sé lo que es amar con el alma entera… y también sé lo que es perderse intentando ser suficiente para alguien que no sabía amarse a sí mismo.

Hubo un tiempo en que me dolía respirar su ausencia, en que cada palabra suya resonaba en mi mente como un eco que no se apagaba.

Creí que ese amor era eterno…

hasta que entendí que solo era un reflejo de lo que yo aún necesitaba aprender sobre mí.

Perdonarlo fue un acto de amor propio.

No porque él mereciera mi perdón, sino porque yo merecía mi paz.

Y cuando pude soltarlo sin rencor, sentí algo nuevo:

libertad.

Hoy mi corazón está en calma.

Hoy soy una mujer distinta. No porque no sienta, sino porque aprendí a escucharme.

Aprendí a reconocer cuándo algo suma y cuándo empieza a restar.

Ya no me quedo donde tengo que encogerme para caber, ni explico mi valor a quien no está dispuesto a verlo.

La mujer que soy hoy no ama menos; ama mejor.

Con más conciencia, con más presencia, con más verdad.

Ya no persigue, no suplica, no se pierde. Se queda donde hay reciprocidad y se va cuando el amor empieza a doler más de lo que sostiene.

Ya no me duele su recuerdo. Solo guardo gratitud por lo vivido, porque gracias a esa historia descubrí mi fuerza, mis límites y mi infinita capacidad de volver a amar.

Y sí, el amor volvió a encontrarme.

Llegó sin máscaras, sin promesas vacías, con ternura y verdad.

Este amor no llegó a salvarme ni a completarme.

Llegó a caminar a mi lado.

A respetar mis silencios, a honrar mis tiempos, a cuidarme sin intentar poseerme.

No llegó con urgencia ni con promesas eternas; llegó con presencia.

Me enseñó que la paz también puede ser pasión, que la ternura no es aburrida y que el amor verdadero no te exige renunciar a ti misma para quedarse.

Me mostró que el amor bonito no hace ruido, pero se siente profundo.

Me enseñó que el amor bonito sí existe, que la paz también puede ser pasión, y que el amor no te apaga:

te ilumina.

Hoy miro atrás sin tristeza, con gratitud.

Cada lágrima tuvo sentido. Cada pérdida me acercó más a mí misma.

Si alguna vez sentiste que no eras suficiente, si diste todo y aun así te rompieron, recuerda esto: no todo está perdido.

Un día despertarás distinta… más fuerte, más sabia, más tú.

Si leyendo estas páginas algo dentro de ti se movió, quiero que sepas que no es casualidad.

Quizá este libro llegó a ti en un momento en el que necesitabas recordar quién eres.

Tal vez aún estás sanando, o quizá apenas comenzando a cuestionarte lo que mereces.

No importa en qué punto estés.

No llegaste tarde ni estás rota.

Estás despierta.

Y eso, aunque a veces duela, es el inicio de todo.

Y si llegaste hasta aquí, quiero que sepas algo importante: esta historia no termina en mí.
Termina —o quizá comienza— en ti.

Comienza en la mujer que lee estas páginas con el corazón abierto.

En la que ama sin medida.

En la que alguna vez dudó de su valor por amar demasiado.

Que mi historia no sea una meta, sino una prueba de que es posible sanar, elegirte y volver a creer.

Que no necesitas tocar fondo para merecer amor, ni romperte para aprender a cuidarte.

Ojalá nunca más tengas que apagar tu luz para que alguien se quede.

Ojalá el amor que elijas te sostenga, no te desgaste.

Ojalá recuerdes siempre que amar no es desaparecer, sino florecer acompañada.

Que cada paso que des hacia ti sea una forma de amor propio.

Que cada despedida te acerque más a casa.

El amor que buscas no empicza cuando alguien llega. Empieza cuando tú decides no abandonarte nunca más.

Y desde ahí… todo puede florecer.

# Agradecimientos

A Dios, por darme la fortaleza para sanar, la fe y la inspiración para convertir mi historia en palabras capaces de tocar el alma.

A mis padres, por enseñarme con su ejemplo lo que significa amar con dignidad, respeto y verdad.

A mis hijos, por ser mi razón de vida y la fuerza que me impulsa cada día a ser mejor mujer y mejor ser humano.

A mis hermanos y amistades, por su amor constante, su cariño, las risas, los consejos, las conversaciones que sanan y los silencios que acompañan.

A las experiencias que dolieron, gracias por mostrarme lo que el amor no es.

Y a todas las mujeres que aman con el alma, que han llorado en silencio y que están aprendiendo a soltar y reconstruirse: gracias por inspirarme y por seguir creyendo en el amor incluso cuando duele.

Este libro es para ustedes, para recordarnos que amar no es perdernos, sino encontrarnos una y otra vez hasta florecer.

Finalmente, a mi compañero, al amor de mi vida, mi refugio y mi calma, mi esposo.

Gracias por amarme con paciencia, respeto y ternura; este libro también es para ti.

Con amor,
Elvira Sombra

# SOBRE LA AUTORA

Elvira Sombra es oficiante de bodas profesional y escritora. Ha hecho del amor su vocación y su inspiración más profunda.

Nacida en México y radicada en Estados Unidos, lleva en su corazón una fusión de culturas, emociones y vivencias que se reflejan en la calidez y sinceridad de su escritura.

A través de su trabajo como oficiante, ha sido testigo de incontables promesas de amor: miradas que se encuentran, manos que se enlazan y corazones que se eligen, instantes que la inspiran a escribir sobre la esencia de lo que une a las personas.

Su primer libro, *Amar sin medida, sanar sin miedo*, nace de un profundo proceso de introspección y autodescubrimiento, e invita al lector a reconciliarse con su historia, mirarse con compasión y comprender que sanar también es una forma de amar.

Cuando no está oficiando ceremonias, Elvira encuentra calma junto al mar, donde escribe a mano en sus cuadernos y transforma vivencias en palabras que recuerdan que el amor, cuando nace desde el alma, siempre puede volver a florecer.